PRIMERAS 100 PALABRAS ESENCIALES

Reloj

Llaves

Peine

Alfombra

Cuna

Puerta

Ventana

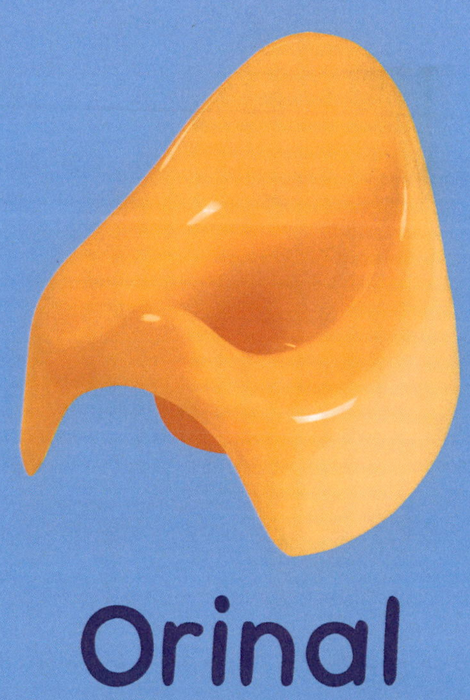

Orinal

Toalla

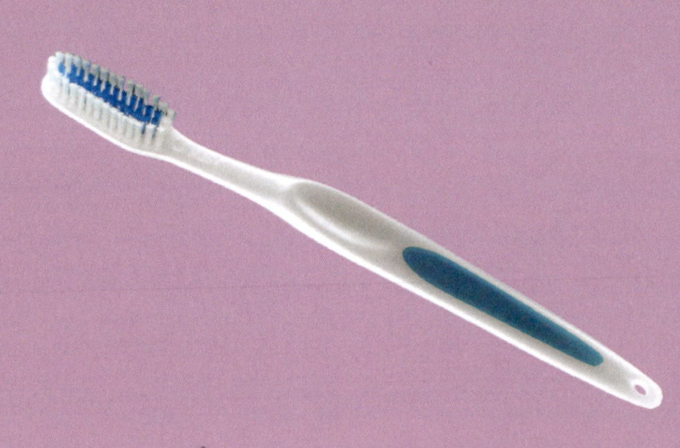

Cepillo De Dientes

Jabón

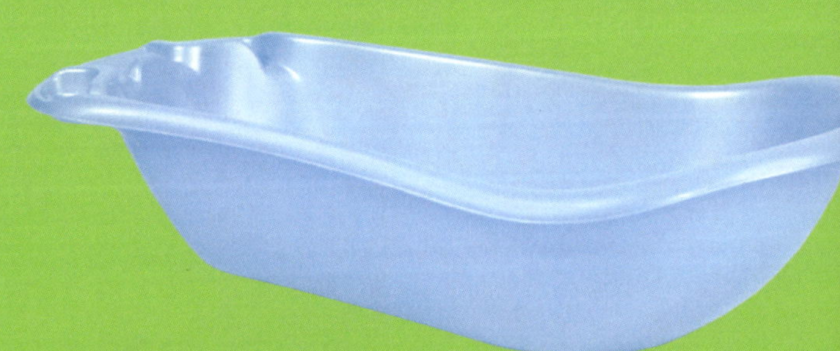

Bañera

Babero

Huevos

Pasta

Sopa

Pan

Queso

Pez

Jugo

Chocolate

Teddy Bear

Balde

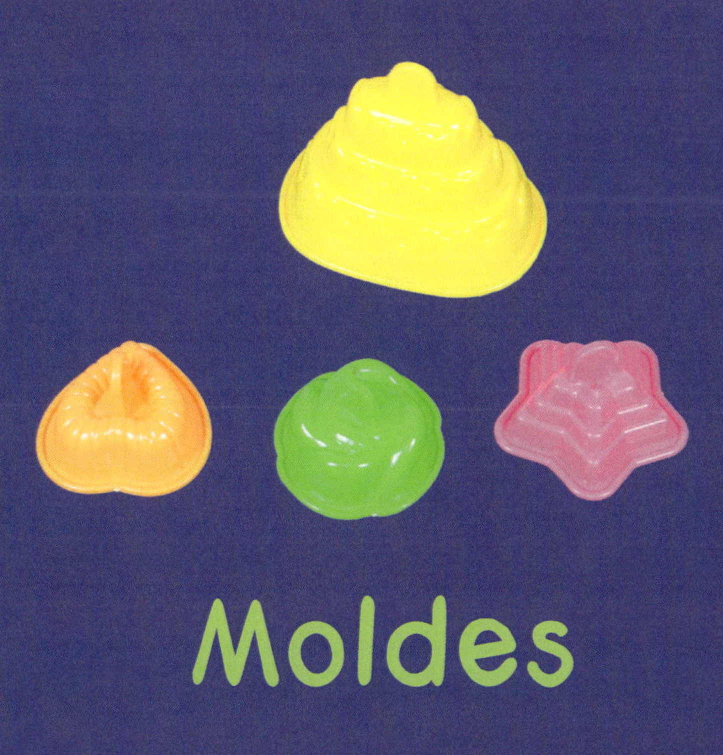

Moldes

Pala

Muñeca

Libro

Play-Doh

Bola

Crayolas

Lápiz

Pincel

Calcetines

Pantalones Cortos

Pantalones

Falda

Vestido

Suéter

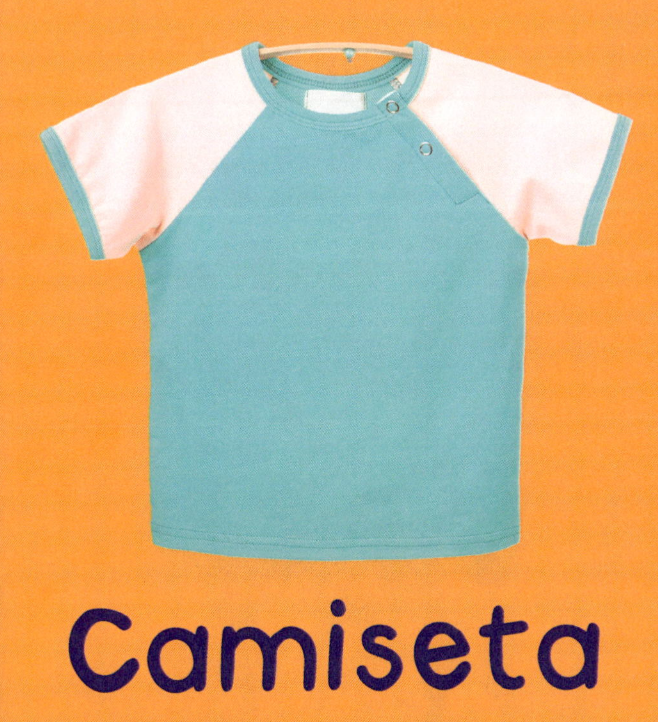

Camiseta

Sombrero

Gorra

Bolsa

Zapatos

Sandalias

Botas

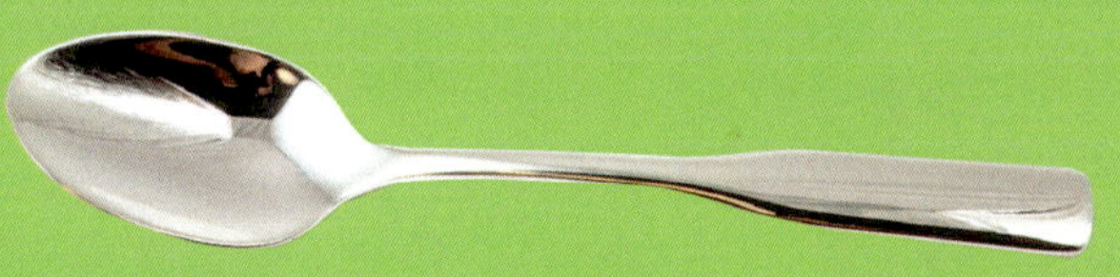

Cuchara

Tenedor

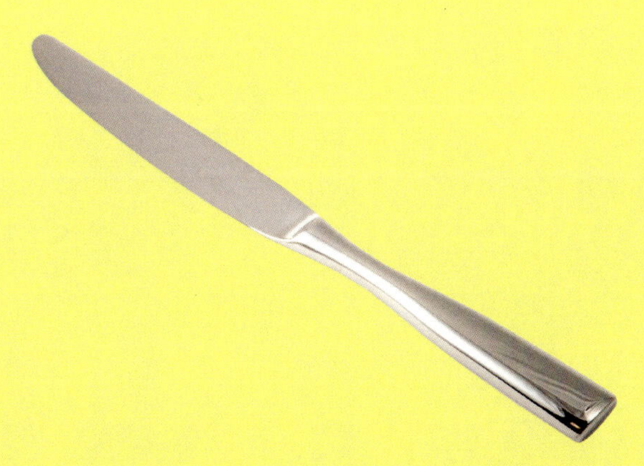

Cuchillo

Plato

Tazón

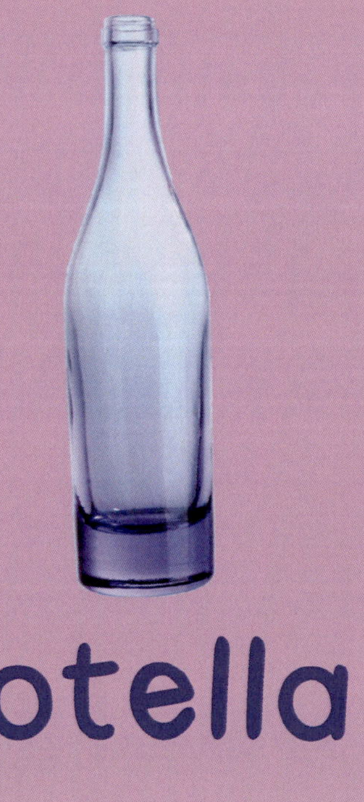

Botella

Teléfono

Cámara

Plancha

Nevera

Mesa

Silla

Sillón

Sofá

Cochecito

Bicicleta

Árbol

Coche

Mariquita

Flor

Mariposa

Barco

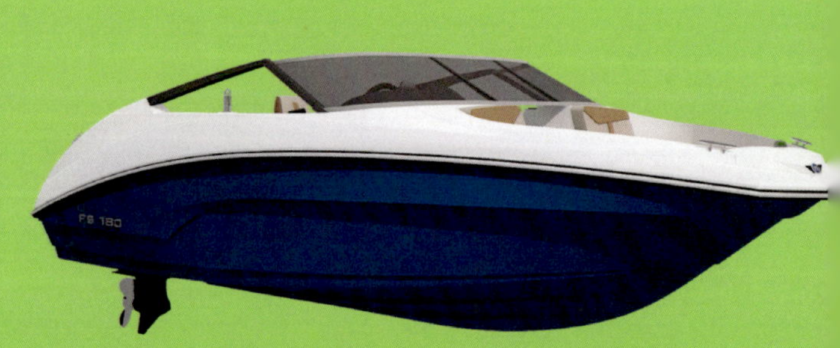

Bote

Motocicleta

Camión

Tren

Avión

Pepino

Tomate

Repollo

Pimiento

Patata

Manzana

Fresa

Limón

Plátano

Pera

Naranja

Sandía

Melón

Gato

Perro

Oveja

Cabra

Burro

Gallina

Conejo

Pavo

Cerdo

Caballo

Vaca

Toro

Pato

Hámster

Loro

¡MUCHAS
GRACIAS!